NOTE

SUR

LES MANUSCRITS

D'AUTEURS ANCIENS

QUI SE TROUVENT DANS LA

BIBLIOTHÈQUE DU MONASTÈRE DE SAINT-JEAN

A PATMOS

PAR

MM. P. DECHARME et PETIT DE JULLEVILLE

MEMBRES DE L'ÉCOLE FRANÇAISE D'ATHÈNES.

PARIS

LIBRAIRIE DE AD. LAINÉ ET J. HAVARD

RUE DES SAINTS-PÈRES, 19.

1866

NOTE
SUR LES MANUSCRITS
D'AUTEURS ANCIENS

QUI SE TROUVENT DANS LA

BIBLIOTHÈQUE DU MONASTÈRE DE SAINT-JEAN

A PATMOS.

Paris. — Typ. de Ad. Lainé et J. Havard, rue des Saints-Pères, 19.

NOTE

SUR

LES MANUSCRITS

D'AUTEURS ANCIENS

QUI SE TROUVENT DANS LA

BIBLIOTHÈQUE DU MONASTÈRE DE SAINT-JEAN

A PATMOS

PAR

MM. P. DECHARME et PETIT DE JULLEVILLE

MEMBRES DE L'ÉCOLE FRANÇAISE D'ATHÈNES.

PARIS

IMPRIMERIE AD. LAINÉ ET J. HAVARD

RUE DES SAINTS-PÈRES, 19.

1866

NOTE

SUR LES MANUSCRITS

D'AUTEURS PROFANES

QUI SE TROUVENT DANS LA

BIBLIOTHÈQUE DU MONASTÈRE DE SAINT-JEAN

A PATMOS.

En février 1866, nous fûmes envoyés à Patmos, par M. le directeur de l'École française, à l'effet de vérifier le nombre et la nature des manuscrits d'auteurs profanes qui pouvaient se trouver dans la bibliothèque du monastère de Saint-Jean.

Dans l'excellente monographie que M. Victor Guérin, notre prédécesseur, a donnée de l'île de Patmos, on trouve, il est vrai, un catalogue des manuscrits du couvent; mais la liste en fut dressée, comme l'auteur l'avoue lui-même, d'une façon trop sommaire pour être définitive. Elle indique deux cent quarante manuscrits : la bibliothèque en possède en réalité quatre cent cinquante, dont deux cent cinquante sur parchemin, le reste sur papier. Tous ces manuscrits sont bien conservés. Nous ne comptons pas dans le nombre ceux que le temps, les vers et les rats ont entièrement détruits, ou rendus tout à fait illisibles. On les a déposés pêle-mêle dans un cabinet voisin, mais distinct de la bibliothèque; et ils ne figurent pas portés sur le nouveau catalogue.

Ce catalogue, œuvre encore inédite et postérieure au travail de M. Guérin, a été dressé entre 1854 et 1862, par un habitant laïque de Patmos, M. Sakkélion, qui fut longtemps employé au département des manuscrits de la Bibliothèque Nationale d'Athènes. Son ouvrage, fruit de plusieurs années d'études patientes, doit former dix volumes environ ; et, sans doute, éclairer définitivement les érudits sur la valeur réelle des manuscrits de Patmos. Aucun voyageur en effet, ni Choiseuil-Gouffier, ni M. Ross, ni M. Guérin, ni M. Lebarbier, ni MM. Coxe et Tischendorf, n'ont pu, malgré la bonne volonté des caloyers, dépouiller un à un, comme l'a fait, parait-il, M. Sakkélion, quatre cent cinquante manuscrits, dont près du tiers in-folio. Malheureusement ce précieux catalogue restera sans doute longtemps encore inédit. Le roi Othon avait promis de se charger des frais d'impression, évalués à seize ou dix-huit mille francs. La dernière révolution emporta cette bonne intention.

La *notice* que nous présentons porte seulement sur les manuscrits d'auteurs anciens ou profanes, qui sont malheureusement en bien petit nombre au monastère de Saint-Jean. Telle paraît être toutefois la complaisance et la sincérité des caloyers du monastère et de M. Sakkéllion, que nous ne pensons pas qu'on ait rien dérobé à nos recherches. Ces moines, comme ils nous le répétèrent plusieurs fois, sont beaucoup moins jaloux de cacher leurs trésors *que d'en faire parler dans les journaux de l'Europe*, dont ils se préoccupent au-delà de ce qu'on peut croire.

Nous croyons qu'aucun manuscrit d'auteur ancien et profane ne nous a échappé. Mais de nouvelles recherches pourraient encore être fructueuses. Sous le faux-titre d'un livre ascétique, au milieu d'homélies byzantines, peuvent se cacher encore quelques fragments anciens, des citations au moins. Le titre ne répond pas toujours au contenu. Ainsi M. Guérin avait annoncé que le monastère possédait les *Hexapla* d'Origène. Il fallait, sous ce nom trompeur, deviner la *Philokalia* (Φιλοκαλία), du même auteur. Une illusion inverse, mais analogue, a pu faire prendre aux derniers voyageurs un manuscrit ancien pour quelqu'un des traités théologiques, dont se compose en majeure partie la bibliothèque de Patmos. Enfin, nous n'avons pu donner que de courts extraits de l'*Anthologie*, où un moine inconnu a réuni près de cinq cents morceaux empruntés aux auteurs anciens. Peut-on douter qu'un certain nombre au moins de ces fragments ne soient encore inédits ?

Nous n'avions pas sous la main toutes les œuvres de l'Antiquité grecque qui eussent été nécessaires pour dépouiller complétement l'Anthologie, et le temps nous a manqué pour copier tout le manuscrit. Nous espérons, dans un prochain voyage, en reprendre l'étude, et en tirer tous les extraits d'auteurs anciens qui s'y trouvent contenus. En attendant, nous avons cru devoir faire connaître au public savant le petit nombre de fragments inédits que nous avons déjà recueillis.

Les manuscrits d'auteurs anciens, que nous avons examinés dans ce premier séjour à Patmos, sont au nombre de cinq :

1° Un Diodore de Sicile (livres XI à XVI);
2° Un Sophocle (2 tragédies);

3° Le Commentaire de Porphyre sur les Catégories d'Aristote, avec le traité d'Aristote περὶ Ἑρμηνείας, et le Ier livre des Topiques;

4° Une Anthologie : choix de sentences extraites des écrivains sacrés et profanes;

5° Un volume de *scolies* sur Démosthène et Eschine, dont quelques-unes inédites, au rapport de M. Sakkélion. (Nous n'avons pu vérifier par nous-mêmes, le volume étant entre les mains de l'auteur du catalogue.)

Nous allons consacrer une notice spéciale à chacun des quatre premiers manuscrits.

FAC-SIMILE DU MANUSCRIT DE DIODORE.

Début du Livre XII.

ιβ

Δικαίως ἄν τις ἀπορήσαι τὸ μ μ ὅ ω ἕω σήσας τηλικα
τὸν ἀνθρώπινον βίον ἁμαρτίαν· οὐ τε γὰρ τῶν
νομιζομένων ἀγαθῶν ὁλόκληρον εὑρίσκεται
μηδὲν μῖγμα τοῖς ἀνθρώποις οὔτε τῶν κακῶν αὐτο-
τελὲς ἄπα τι νὸς βλάβης· τίας τούτων δὲ ἀποδείξο-
ἔξεσται ῥᾳδίως ἐὰν ἐπὶ τὰς ἐπιφανεστάτας πράξεις τὰς
προγόνων ἡμῶν ἴωμεν πράξομεν. καὶ μάλιστα ταῖς με-
γίσταις γὰρ ἐξ ἔργον τοῦ Ξέρξου τοῦ βασιλέως ἐπὶ τὴν
Ἑλλάδα στρατεία διὰ τὸ μέγεθος τῶν δυνάμεων τῶν
μετ᾽ αὐτοῦ καὶ διὰ τὴν ὁρμὴν τοῖς Ἕλλησιν ὡσὰν ὑπέραν

DIODORE DE SICILE.

Manuscrit grand in-4°, d'une conservation parfaite, sur beau parchemin, d'une écriture régulière et facilement lisible. (Voir le *fac-simile* ci-joint, qui reproduit le caractère des premières lignes du livre XII°.)

Ce manuscrit ne paraît pas postérieur au onzième siècle. La première et la dernière feuille seules sont d'une main beaucoup plus récente. Une inscription au verso de la dernière feuille donne la date de 1466. (Voir plus bas.)

Le manuscrit porte le n° 50 dans le nouveau catalogue. Il est solidement relié en bois, recouvert de peau noire. Il renferme 307 feuilles numérotées (614 pages). Il est indiqué par M. Guérin, sans commentaires d'aucune sorte. On sut plus tard, par M. Tischendorf, qu'il renferme seulement les livres XI, XII, XIII, XIV, XV, XVI, et ne présente qu'une seule addition un peu considérable. Mais nous publions les premiers les nombreuses *variantes* et les *additions* moins importantes qu'offre le texte nouveau de ces six livres.

L'auteur de cette copie, un caloyer sans doute, ignorait la géographie; il commet d'assez nombreuses erreurs de noms propres. Nous en citerons plus loin quelques-unes. Mais, en dehors des noms propres, il tombe seulement dans quelques fautes d'orthographe, plus grossières que fréquentes : la plus curieuse est βύϐλος, écrit obstinément pour βίϐλος. On trouve aussi des η pour des ι; l'abus du ν euphonique employé même devant les consonnes; enfin de pures négligences, comme la répétition de la même ligne ou du même mot.

Le manuscrit offre aussi des *corrections* faites à la marge, soit par le copiste lui-même, soit par une autre main à une époque plus récente. Nous en avons tenu compte dans notre liste de variantes.

Le texte finit au *recto* de la dernière feuille. Au *verso* la même main qui a recopié cette feuille et la première, a écrit en grec l'Oraison Dominicale (Πάτερ ἡμῶν...), etc., — et au-dessous une courte note, où nous lisons que ce livre a été lu et *terminé* en l'an 1466, dans l'île de Naxos, par le moine Andréas Grégorios, natif de l'île de Chios.

TABLEAU

DES

PRINCIPALES VARIANTES

ET ADDITIONS

QU'OFFRE LE MANUSCRIT DE PATMOS

POUR LES LIVRES XI, XII, XIII, XIV, XV ET XVI

DE

DIODORE DE SICILE.

LIVRE XI.

Texte de Dindorf, édit. Didot.

(Le premier chiffre indique le numéro d'ordre des variantes; le chiffre romain, les chapitres de l'édition Didot; le troisième chiffre, les divisions de chapitres.)

1. I, 2. ... καθ' ἣν ἐνίκα στάδιον Ἀστύλος Συρακόσιος
2. — 3. ... ἐπεθύμει μεγάλων δυνάμεων ἀφηγήσασθαι.
3. — 5. Ἀκολούθως οὖν ταῖς συνθήκαις Καρχηδόνιοι...

4. II, 5. Ἔσπευδον γὰρ ἁπάσας τὰς Ἑλληνίδας πόλεις περιλαβεῖν ταῖς προφυλακαῖς....

5. IV, 1. Ἔσπευδον γὰρ τοὺς τὰ τῶν Ἑλλήνων προελομένους ἐντὸς περιλαβεῖν.

6. VIII, 1. ... φεύγουσι δὲ θάνατος ἔσται τὸ πρόστιμον
7. — 4. Ἀπορουμένου δὲ τοῦ βασιλέως καὶ νομίζοντος μηδένα τολμήσειν ἔτι μάχεσθαι, ἧκε πρὸς....

8. IX, 1. ... αὐτοὺς δὲ τοὺς Λακεδαιμονίους.....
9. — 4. Οὕτω γὰρ δυνήσεσθαι πολὺν χρόνον.....

10. XII, 3. Ἐκεῖθεν δὲ τριακοσίας τριήρεις ἐξέπεμψε.

11. XIII, 1. Οὐ μὴν ἀλλ' ἀναλαβόντες αὐτούς...
12. — 2. Οἱ δ' Ἕλληνες ἐμφράξαντες τὰ στενά· τῶν ἐντὸς τῆς Εὐβοίας συμμαχούντων.

13. XV, 3. Πολλῶν δὲ καὶ ποικίλων ῥηθέντων

LIVRE XI.

Texte du manuscrit.

———

1. Καθ' ἣν ἐνίκα στάδιον Ἄσταλος Συρακούσιος.
2. ... ἐπεθύμει μεγάλης δυνάμεως ἀφηγήσεσθαι.
3. Ἀκολουθοῦντες οὖν ταῖς συνθήκαις Καρχηδόνιοι.

4. Ἔσπευδον γὰρ ἁπάσας τὰς Ἑλληνίδας πόλεις διαλαβεῖν.

5. Ἔσπευδον γὰρ τοὺς τὰ Περσῶν αἱρουμένους ἐντὸς περιλαβεῖν.

6. ... φεύγουσι δὲ τὴν μάχην θάνατος... κ. τ. λ.
7. Ἀπορουμένου δὲ τοῦ βασιλέως καὶ νομίζοντος μηδένα τολμήσειν ἔτι μάχεσθαι τοῖς Ἕλλησιν ἧκε πρός...

3. Τοὺς δὲ Λακεδαιμονίους...
9. Νομίζων οὕτω δυνήσεσθαι, κτλ.

10. Ἐκεῖθεν δὲ διακοσίας τριήρεις ἐξέπεμψε.

11. Οὐ μὴν ἀλλ' ἀναλαβόντες ἑαυτοὺς
12. Οἱ δ' Ἕλληνες ἐμφράξαντες τὰ στενὰ προεμάχοντο τῶν ἐντὸς τῆς, κ. τ. λ.

13. Ποικίλων λόγων ῥηθέντων...

14.   XVIII, 3. ἐξ οὗ θεωρεῖν ἦν τὴν ναυμαχίαν γινομένην.

15.   XIX, 6. Καὶ τὰ μὲν κατὰ τὴν Ἑλλάδα πραχθέντα ἐν τούτοις ἦν

16.   XX, 1. Στρατηγὸν εἵλοντο Ἀμίλκωνα....

17.   XXIII, 1. ... καὶ στρατήγημα τὸ Γέλωνος...
18.   — 3. Ἀλλὰ γὰρ τούτων οἱ δίκαιαν δόξαν

19.   XXV, 4. Πολλοὺς παρεχόμενον ἰχθῦς εἰς τρυφὴν.....

20.   XXV, 1. Κύκνων τε πλήθους εἰς αὐτὴν καταπταμένου συνέβη τὴν πρόσοψιν αὐτῆς ἐπιτερπῆ γενέσθαι

21.   XXVI, 3. Τοῦτο δ᾽ εἶχεν Ἀττικὰς....

22.   XXIX, 2. Ἐδόκει τοῖς πᾶσιν ὅρκον.....
23.   — 3. ... ἀλλ᾽ ὑπόμνημα τοῖς ἐπιγινομένοις ἐάσω καὶ καταλείψω τῆς τῶν βαρβάρων ἀσεβείας

24.   XXX, 3. Καὶ πιεζόμενοι τῇ μάχῃ

25.   XXXIII, 1. Καὶ χάριτι δουλεύσαντες ἔκριναν
26.   — 47. ... εἰς Δελφοὺς ἐπιγράψαντες ἐλεγεῖον τόδε....

27.   XXXIV, 5. ... συντίθεσθαι περὶ στάσεως.....

28.   XXXVII, 2. .. τοὺς δὲ συμμάχους διαποντίους, οὓς μὴ δύνασθαι τὰς... κτλ.

29.   XXXVIII, 2. ... ἐγγεγραμμένων δὲ ἐν τῷ νόμῳ εἴργεσθαι παντελῶς τὰς τῶν ἐνταφίων σπουδὰς, ὁ βασιλεύς... κ. τ. λ.

14. Ἐξ οὗ θεωρεῖν τὴν ναυμαχίαν γενομένην ἔμελλε.

15. Καὶ τὰ μὲν πραχθέντα τοῖς Ἕλλησιν ἐν τούτοις ἦν.

16. Στρατηγὸν εἵλοντο Ἱμίλκωνα.

17. Καὶ στρατηγήματα Γέλωνος...
18. Ἀλλὰ γὰρ περὶ τούτων οἱ δίκαιαν δόξαν...

19. Πολλοὺς παρεχόμενον ἰχθῦς εἰς τροφήν...

20. Κύκνων τε πλείστων εἰς αὐτὴν καταπταμένων συνέβη τὴν πρόσ-
οψιν αὐτὴν ἐπιτερπῆ γένεσθαι

21. Εἶχε μὲν Ἀττικὰς...

22. Ἐδόκει μένουσιν ὅρκον...
23. Ἀλλὰ τοῖς ἐπιγενομένοις ἐάσω καὶ καταλείψω τῆς τῶν βαρβάρων
ἀσεβείας ὑπόμνημα

24. Καὶ πιεζούμενοι τῇ μάχῃ
(Cette forme revient plusieurs fois dans le manuscrit.)
25. Καὶ Χαριτίδου κελεύσαντος ἔκριναν
26. Εἰς Δελφοὺς χαριστήριον τῷ Θεῷ ἐπιγράψ... κτλ.

27. ... συντίθεσθαι περὶ ἀποστάσεως.

28. ... τοὺς δὲ συμμάχους ἰόντας διαποντίους μὴ δυνήσεσθαι
τὰς... κ. τ. λ.

29. ... ἐγγεγραμμένων τε ἐν τῷ νόμῳ καὶ τῶν παντελῶς ἐνταφίων
ἠμεληκότων, ὁ βασιλεύς...

30.   — 6. Κηρύττουσα εἰς ἅπαντα τὸν αἰῶνα.

31.   XL, 2. ... καὶ τοὺς μεθ' ἑαυτοῦ συμπρεσβευτάς.

32.   XLI, 1. Μάρκος Φάβιος Σιλβανός.
33.   — 3. Τριήρεις δὲ τότε πλείστας ἐκέκτηντο καὶ διὰ τὴν συνέχειαν τῶν ναυμαχιῶν ἐμπειρίαν καὶ δόξαν μεγάλην. ... κ. τ. λ.

33.   XLIV, 6. ... Καὶ διὰ τῆς ὁμιλίας προσαγόμενος

34.   XLVI, 3. Ἀλλ' αὐτὸς ἔργῳ πεῖραν εἰληφὼς ἐγίνωσκε.

35.   XLVIII, 8. τῶν δὲ Ἱμεραίων τοὺς ἐναντίους πολλοὺς ὄντας συλλαβὼν ἀποσφάζει.

36.   LV, 5. ὑπέλαβεν ἑαυτὸν παραδοθήσεσθαι...
37.   — 6. ... τὴν κρίσιν περί τε τῶν Ἀθηναίων καὶ τῶν Αἰγινητῶν ὑπὲρ τῶν ἀριστείων.

38.   LVII. ... οἰκετῶν τε πλῆθος πρὸς διακονίαν καὶ παντοδαπῶν ἐκπωμάτων καὶ τὴν ἄλλην χορηγίαν πρὸς ἀπόλαυσιν καὶ τρυφὴν ἁρμόζουσαν...

39.   LVIII, 2. τὸν Θεμιστοκλέα στρατηγὸν (ἐπὶ) τοῦ πολέμου
40.   — 4. Ἡμεῖς δὲ πάρεσμεν ἐπὶ τὴν τελευτήν...

41.   LIX, 2. ... τὴν ἐκ τῆς Ἀσίας δύναμιν ἀναστάτῳ τῇ πόλει παραταχθεὶς ἐνίκησε...
42.   — 3. τὴν δὲ πόλιν διὰ τὰς ἐκείνου πράξεις ἐπαιρομένην...

43.   LIX*, 4. Πόλιν ἔκτισε Πυξοῦντα

44.   LX, 1. Γάϊον Ναύτιον Ροῦφον

30. Κηρύσσουσα διαπρυσίως εἰς ἅπαντα τὸν αἰῶνα.

31. Καὶ τοὺς μεθ' ἑαυτοῦ συμπρεσβεύοντας.

32. Μάρκος Φάβιος Σιλανός.
33. Τριήρεις δὲ τότε πλείστας ἐκέκτηντο διὰ τὴν συνέχειαν τῶν ναυμαχιῶν, ἐμπειρίαν δὲ καὶ δόξαν μεγάλην...

33. Καὶ διὰ τῆς ὁμολογίας... κ. τ. λ.

34. Ἀλλ' αὐτὸς ἐγὼ πεῖραν εἰληφὼς ἐγίνωσκεν.

35. τῶν δὲ Ἱμεραίων τοὺς ἐναντίους πολλοὺς ὄντας συλλαβὼν ἀπέσφαξεν.

36. ὑπέλαβεν ἑαυτὸν μὴ παραδοθήσεσθαι.
37. τὴν κρίσιν περί τε τῶν Ἀθηναίων καὶ τῶν Ἀργείων ὑπὲρ τῶν ἀριστείων.

38. οἰκετῶν τε πλῆθος πρὸς διακονίαν καὶ παντοδαπῶν ἐκπωμάτων πλῆθος καὶ τὴν ἄλλην χορηγίαν πρὸς ἀπόλαυσιν καὶ τρυφὴν ἁρμόζουσαν δέδωκε.

39. τὸν Θεμιστοκλέα στρατηγὸν περὶ τοῦ πολέμου.
40. Ἡμεῖς δὲ ἐπεὶ πάρεσμεν ἐπὶ τὴν τελευτήν.

41. Τὴν ἐκ τῆς Ἀσίας δύναμιν ἐν ἀναστάτῳ τῇ πόλει παραταχθεὶς ἐνίκησε...
42. τὴν δὲ πόλιν διὰ τὰς ἐκείνου πράξεις ἐπαινουμένην

43. Πόλιν ἔκτισε Τευξοῦντα.
(Une main étrangère a corrigé à la marge en Βυζοῦντα.)
44. Γάϊον Ναύπιον Ῥοῦφον

45. LXV, 4. Μετὰ δὲ ταῦτα λειπόμενοι τῷ πολέμῳ.

46. LXVII, 3. Οὗτος μὲν οὖν ὑπὸ παντὸς ἀγαπώμενος

47. LXIX, 1. Ὕπατοι κατεστάθησαν.
48. — 3. φονέα γενέσθαι τοῦ πατρός.

49. LXX, 1. Ἐπ' ἄρχοντος δ' Ἀθήνησιν Ἀρχεδημίδου

50. LXXIV, 6. οὔτε χρήματα δεξαμένων οὔτε ἄλλως προσεχόντων.

51. LXXVI, 1. Καὶ ναυμαχίᾳ μὲν ἐνίκησαν τοὺς ἀποστάντας
52. — 5. Τοῖς δὲ ξένοις τοῖς διὰ τὰς δυναστείας ἀλλοτρίας τὰς πόλεις ἔχουσι κατοικεῖν ἅπαντας ἐν τῇ Μεσσηνίᾳ

53. LXXVII, 4. καὶ λογισάμενοι τὸ πολλὰς μυριάδας ἀποβαλεῖν.... κ. τ. λ.

54. LXXVIII, 1. Σπόριος Φούριος Μεδιολανός.
55. — 5. Δευκέτιος ὁ τῶν Σικελῶν βασιλεύς.

56. LXXIX, 4. πόλεις τρεῖς Κυτίνιον καὶ Βοιὸν καὶ Ἐρινεόν

57. LXXXI, 3. ἔσεσθαι τῇ τῶν Ἀθηναίων ὥσπερ ἀντίπολίν τινα.
58. — 5. ἔφασαν δεῖν ἀναμένειν τοὺς καθυστεροῦντας
59. — 5. ... καὶ κατὰ τὴν μάχην ἀγεννῶς....

60. LXXXIV, 2. Ἀξιόλογόν τι κατεργάσασθαι.....
61. — 7. ὑποσπόνδους ὑπὸ Λακεδαιμονίων ἀφεθέντας
62. — 8. ὑποσπόνδους ἀφῆκαν, καθ' ὅτι.... κ. τ. λ.

63. LXXXIX, 1. Πολλῶν ἐν αὐτῷ παραδόξων γεγενημένων.

45. Μετὰ δὲ ταῦτα λειπόμενοι τῶν πολέμων...

46. Οὗτος μὲν οὖν ὑπὸ πάντων ἀγαπώμενος

47. ὕπατοι καθειστήκεισαν.
48. φονέα γεγονέναι τοῦ πατρός.

49. Ἔτ᾽ ἄρχοντος δ᾽ Ἀθήνησιν Ἀρχεμήδου.

50. οὔτε χρήματα δεξαμένων οὔτε ὅλως προσεχόντων.

51. Καὶ ναυμαχίᾳ μὲν ἐνίκησαν τοὺς ἀποστατάς
52. Τοῖς δὲ ξένοις τοῖς διὰ τὰς δυναστείας ἀλλοτρίας τὰς πόλεις ἔχουσι συνεχώρησαν τὰ ἑαυτῶν ἀποκομίζειν καὶ κατοικεῖν ἅπαντας ἐν τῇ Μεσσηνίᾳ

53. Καὶ λογισάμενοι διὰ τὸ τούτους οὐ δυνατὸν ἀνελεῖν ἄνευ τοῦ πολλὰς μυριάδας... κ. τ. λ.

54. Σπούριος Φούριος Μεδιολανός
55. Δουκέτιος ὁ τῶν Σικελῶν βασιλεύς.

56. πόλεις τρεῖς Κυντίνιον καὶ Ἐρίβοιον καὶ Ἐρινέον.

57. ἔσεσθαι τῆς τῶν Ἀθηναίων ὥσπερ ἀντίπαλόν τινα.
58. ἔφασαν δεῖν μὴ ἀναμένειν τοὺς καθυστεροῦντας
59. ... καὶ μὴ κατὰ τὴν μάχην ἀγεννῶς...

60. Ἔσπευδεν ἀξιόλογόν τι κατεργάσασθαι
61. ἀποσπόνδους ὑπὸ Λακεδαιμονίων ἀφεθέντας
62. ἀποσπόνδους ἀφῆκαν, καθ᾽ ὅτι... κ. τ. λ.

63. Πολλῶν ἐν αὐτῷ παραδόξων παραδεδομένων.

64. — 2. Σπινθῆρας δ᾽ ἐξαισίους ἀναβάλλοντες ἐξ ἀμυθήτου βυθοῦ, καί... κ. τ. λ.

65. XC, 4. ταχὺ ταῖς οὐσίαις ἐπηύξησαν. Κατασχόντες δὲ τὴν πόλιν ἔτη ἓξ, ἐξέπεσον...

66. XCI, 1. εἰς τὴν Ἀκραγαντίνων χώραν ἀναζεύξας....
67. — 1. ... τῶν δὲ Ἀκραγαντίνων ἐπιβοηθησάντων...

68. XCII. Ἄξιόν ἐστι τῆς τοῦ δήμου μεγαλοψυχίας.

FIN DES VARIANTES ET ADDITIONS DU LIVRE XI.

— 17 —

64. Πηγὰς δ' ἐξαισίους ἀναβάλλοντες, ἐξ ἀμυθήτου τε βυθοῦ

65. ταχὺ ταῖς οὐσίαις προσανέβησαν. Κατάσχοντες δὲ τὴν πόλιν ἔτη ὀλίγα, ἐξέπεσον

66. εἰς τὴν Ἀκραγαντίνην χώραν ἀναζεύξας.
67. τῶν δὲ Ἀκραγαντίνων καὶ Συρακουσίων ἐπιβοη... κ. τ. λ.

68. Ἄξιόν ἐστι τὴν τοῦ δήμου μεγαλοψυχίας τυγχάνειν.

FIN DES VARIANTES ET ADDITIONS DU LIVRE XI.

LIVRE XII.

69. III, 1. Ἀπολωλεκότες ἐν τῇ λεγομένῃ Προσωπίτιδι νήσῳ, βραχὺν χρόνον... κ. τ. λ.

70. VI, 2. ἐγένετο μάχη καρτερὰ περὶ τὴν Κορώνειαν

71. VIII, 2. μετὰ πολλῶν οἰκητόρων

72. X, 4. τῷ βουλομένῳ μετέχειν τῆς ἀποικίας.
73. — 7. Ὑπὸ δὲ τούτων τῶν στενωπῶν πεπληρωμένων ταῖς οἰκίαις ἡ πόλις ἐφαίνετο...

74. XIV, 2. Πέπλευκεν, ἀλλ' εἰ δὶς πέπλευκε.

75. XV, 3. Αὐτόθεν μὲν οὖν ὁ νόμος οὐδὲν ὁρᾶται...

76. XX, 3. Τὸν δὲ παρ' αὐτὰ ποιοῦντα...

77. XXVI, 2. ... πάντων σχεδὸν εἰρήνην ἀγόντων

78. XXVII, 1. Τίτον Στερτίνιον Στρούκτωνα
79. — 2. Καὶ τῆς πόλεως ἐγκρατὴς γενόμενος
80. — 3. ῥᾳδίως τ' ἐκράτησαν τῆς Σάμου, καὶ...

81. XXXVI, 1. Ἐβασίλευσεν ἔτη τέτταρα

82. XXXVIII, 1. μακρότατος ἱστορημένων ὧν ἴσμεν

LIVRE XII.

69. Ἀπολωλεκότες ἐν τῇ γενομένῃ ἐν Προσωπίτιδι μάχῃ, βραχὺν χρόνον... κ. τ. λ.

70. ἐγένετο μάχη καρτερὰ περὶ τὴν Χαιρώνειαν.

71. μετά τινων οἰκητόρων

72. μετέχειν τῆς πολιτείας

73. Ὑπὸ δὲ τούτων τῶν στενωπῶν πεπληρωμένων τὰς οἰκίας ἡ πόλις ἐφαίνετο...

74. Πέπλευκέ τις, ἀλλ' εἰ δὶς πέπλευκε.

75. Αὐτόθεν μὲν οὖν ὁ νόμος οὗτος οὐδὲν ὁρᾶται...

76. Τὸν δὲ παρὰ ταῦτα....

77. ... πάντων σχεδὸν εἰρήνην ἐχόντων.

78. Τίτον Στερτίνιον Στρούκτορα.
79. Καὶ τῆς πόλεως ἐγκρατὴς εἰσπραξάμενος..
80. ῥᾳδίως τε κρατήσαντες τῆς Σάμου, καὶ...

81. Ἐβασίλευσεν ἔτη τεσσαράκοντα...

82. μακρότατος ἱστορημένων πολέμων...

83. XL, 6. ἐν τοῖς δὲ τοῖς τετραμέτροις

84. XLIII, 4. καὶ Φειὰν χωρίον Ἠλείων ἐπολιόρκουν

85. XLVI, 6. Ἄλλο μὲν μηδὲν λαβόντας....

86. LIII, 1. Κόϊντον Σολπίκιον Πραιτέξτατον.

87. LIV, 4. ναῦς ἑκατὸν καὶ στρατηγούς....
88. — 4. ναῦς ἑκατὸν παρὰ τῶν Ῥηγίνων.
89. — 6. ἐκ τριήρων πεντήκοντα καὶ διακοσίων

90. LV, 5. καὶ τὴν προϋπάρχουσαν δύναμιν παραλαβὼν,
91. — 10. ἦλθεν ἐναντίον τῷ προτέρῳ. Ὁ δὲ Πάχης...

92. LVI, 6. ἐμίσθωσαν τὴν χώραν.

93. LVIII, 3. καὶ τῶν θεῶν ἐγένοντο.
    (Le paragraphe finit après ces mots.)

94. LX, 1. ... καὶ στρατιωτῶν ἱκανῶν *. Οὗτος...
95. — 6. συνέθεντο τὴν εἰρήνην ἔτη ἑκατόν...

96. LXIII, 5. καὶ τῶν ἄλλων συμμάχων τοὺς ἱκανοὺς, παρέδωκαν τὴν Πύλον...

97. LV, 9. Καὶ τὸν φρούραρχον Τάνταλον Σπαρτιάτην ζωγρη-

83. ἐν δὲ τοῖς γεγραμμένοις ἦν τάδε...

84. καὶ Φερὰν χωρίον Ἡλείων ἐπολιόρκουν

85. Ἀλλ' ὅμως μηδὲν λαβόντας...

86. Κόϊντον Σουλπίκιον Πραιτέξτατον.

87. ναῦς εἴκοσι καὶ στρατηγοὺς....
88. ναῦς εἴκοσι παρὰ τῶν Ῥηγίνων.
89. ἐκ τριήρων ὀγδοήκοντα καὶ διακοσίων.

90. καὶ τὴν προϋπάρχουσαν δύναμιν ἀξιόλογον παρα... κ. τ. λ.
91. ἦλθεν ἐναντίον τῷ προτέρῳ ἕτερον. Ὁ δὲ Πάχης...

92. ἐμίσθωσαν τὴν χώραν αὐτῶν

93. καὶ τῶν θεῶν ἐγένοντο. Après ces mots on lit dans le manuscrit : Οἱ δὲ Κερκυραῖοι διὰ τὴν πρὸς θεοὺς εὐσέβειαν, τῆς μὲν τιμωρίας αὐτοὺς ἀπέλυσαν, ἐκ τῆς πόλεως δὲ ἐξέπεμψαν. Οὗτοι δὲ πάλιν νεωτερίζειν ἐπιβαλόμενοι καὶ τειχίσαντες ἐν τῇ νήσῳ χωρίον ὀχυρὸν ἐκακοποιοῦντο τοὺς Κερκυραίους. Ταῦτα μὲν οὖν ἐπράχθη κατὰ τοῦτον τὸν ἐνιαυτόν.

(Le paragraphe finit là. Le suivant commence comme dans l'édition Didot.)

94. ... καὶ στρατιωτῶν ἱκανῶν διαπέστειλαν. Οὗτος...
95. ... συνέθεντο τὴν εἰρήνην εἰς ἔτη ἑκατόν...

96. καὶ τῶν ἄλλων συμμάχων τοὺς ἱκανοὺς προσθέντες τούτοις παρέδωκαν τὴν Πύλον...

97. Καὶ τὸν φρούραρχον Τάνταλον Σπαρτιάτην ζωγρήσας εἰς τὰς

σας εἰς τὰς Ἀθήνας ἐξέπεμψεν. Οἱ δὲ Ἀθηναῖοι τὸν μὲν Τάνταλον μετὰ τῶν ἄλλων αἰχμαλώτων καὶ τοὺς Αἰγινήτας ἐν φυλακῇ κατεῖχον.

98. LVII, 4. δι' οὗ ταπεινώσειν ὑπελάμβανον τοὺς εἵλωτας.

99. LXXIII, 3. Καὶ πολιορκήσας (τἄλλα) κατὰ γῆν...

100. LXXV, 1. συνέβησαν διὰ τοιαύτας τινὰς αἰτίας

101. LXXVII, 1. Ἐπ' ἄρχοντος δ' Ἀθήνησιν Ἀστυφίλου...

102. LXXIX, 5. Τῶν δὲ λογάδων τῷ μὲν πλήθει....

103. LXXXI, 1. Ὑσιὰς χωρίον εἷλον, καὶ ... κ. τ. λ.

FIN DES VARIANTES ET ADDITIONS DU LIVRE XII.

Ἀθήνας ἐξέπεμψεν. Οἱ δὲ Ἀθηναῖοι τὸν μὲν Τάνταλον δήσαντες ἐφύλαττον μετὰ τῶν ἄλλων αἰχμαλώτων καὶ τοὺς Αἰγινήτας ἐν φυλακῇ κατεῖχον.

98. διὰ τὸ ταπεινώσειν ὑπολαμβάνειν τοὺς εἵλωτας

99. Καὶ πολιορκήσας ἅμα κατὰ γῆν.

100. συνέβησαν κατὰ τὴν Ἑλλάδα διὰ τοιαύτας, κ. τ. λ.

101. Ἐπ' ἄρχοντος δ' Ἀθήνησιν Ἀριστοφίλου.

102. Τῶν δὲ λοχαγῶν τῷ μὲν πλήθει...

103. Ἀγιὰς χωρίον εἷλον, καὶ...

FIN DES VARIANTES ET ADDITIONS DU LIVRE XII.

LIVRE XIII.

104.   II, 6. Οὗτος μὲν οὖν αὐτὸν ἐξελέγξας κατεψευσμένος εὑρέθη.

105.   VI, 6. Πολυχρόνιον γὰρ ἔσεσθαι τὴν πολιορκίαν

106.   VII, 1. Σπούριον Οὐετούριον.

107.   XI. Ἦγον δὲ τριήρεις πλείους τῶν ὀγδοήκοντα

108.   XXVIII, 6. Θεωρεῖς, ἔφη, τὸ πλῆθος τῶν δι' Ἀθηναίους δυστυχούντων;

109.   XXIX, 6. Καὶ μὴ κρατοῦντες μὲν ἀπαραίτητον ἐχόντων τὴν καθ' ὑμῶν ὠμότητα, σφαλέντες δὲ τοῖς τῆς ἱκεσίας φιλανθρώποις παραιτείσθων τὴν τιμωρίαν.

110.   XXXVI, 5. Καὶ διὰ τὰς τῶν ἡγεμόνων καχεξίας μεθίσταντο πρὸς Λακεδαιμονίους

111.   XLII, 5. περιλαβὼν χρόνον ἐτῶν εἴκοσι καὶ δυοῖν ἐν βίβλοις ὀκτώ.

112.   LI, 7. .. ἐπεδίωξαν τοὺς πολεμίους

113.   LXIV, 1. Κατὰ δὲ τὴν Ἑλλάδα Θράσυλλος....

LIVRE XIII.

104. Οὗτος μὲν οὖν αὐτὸν ἐξελέγξας κατεψευσμένος ἐπιστεύθη

105. Πολυχρόνιον γὰρ ἔσεσθαι τὴν πολιορκίαν ὑπελάμβανον

106. Σπούριον Οὐετούριον Ῥουτίλιον.

107. Ἦγον δὲ τριήρεις πλείους τῶν τριακοσίων δέκα.

108. Θεωρεῖς, ἔφη, τὸ πλῆθος δι' Ἀθηναίους δυστυχοῦν.

109. Καὶ μὴ κρατοῦντες μὲν ἀπαραίτητον εἶχον τὴν καθ' ὑμῶν ὠμότητα, σφαλέντες δὲ τοῖς τῆς ἱκεσίας φιλανθρώποις παραιτεῖσθε τὴν τιμωρίαν.

110. Καὶ διὰ τὰς τῶν ἡγεμόνων καχεξίας καθίσταντο πρὸς Λακεδαιμονίους.

111. Περιλαβὼν χρόνον ἐτῶν εἴκοσι τεσσάρων καὶ δυοῖν ἐν βίβλοις ὀκτώ.

112. Ἐπεδίωξαν τοὺς Πελοποννησίους.

113. Κατὰ δὲ τὴν Ἑλλάδα Θρασύβουλος.
(Variante répétée dans les passages suivants.)

114. LXV, 4. Καὶ τὸ λοιπὸν ἐκ τούτου τὰς ἀφορμὰς ἔχοντες ἐπολέμουν τοῖς Χίον ἔχουσιν.

115. LXVI. Πρῶτον μὲν Σηλυβρίαν διὰ προδοσίας εἶλεν

116. LXVII, 5. μηδὲν ἀδίκημα ποιεῖν τοῖς Βυζαντίοις.

117. LXXIV, 3. τετιμημένον ταλάντων ὀκτώ.

118. LXXIX, 1. φιλοτιμίας οὐκ ἐλείποντο.

119. XCIII, 5. καὶ μὴ περιιδεῖν αὐτούς....

120. XCVIII, 3. ὃς ἰδιώτης μὲν συνεστρατεύετο τότε, πρότερον δὲ πολλάκις ἦν ἀφηγημένος δυνάμεων

121. C, 8. Ἄρακον μὲν εἵλοντο ναύαρχον.

FIN DES VARIANTES ET ADDITIONS DU LIVRE XIII.

114. Καὶ τὸ λοιπὸν ἐκ τούτου τὰς ἀφορμὰς ἔχοντες ἐπολέμουν τοῖς τὸ ἰσχουν ἔχουσιν.

115. Πρῶτον μὲν Σηλυμβρίαν διὰ προδοσίας εἷλεν

116. Μηδὲν ἀδίκημα ποιεῖσθαι Βυζαντίοις.

117. τετιμημένον ταλάντων πεντήκοντα

118. φιλοτιμίας ἐλείποντο οὐδὲν

119. καὶ μὴ περιδεῖν αὐτούς.

120. ὃς ἰδιώτης μὲν ὢν συνεστρατεύετο πρότερον, τότε δὲ πολλάκις ἦν ἀφηγημένος δυνάμεων.

121. Ἄρατον μὲν εἵλοντο ναύαρχον

FIN DES VARIANTES ET ADDITIONS DU LIVRE XIII.

LIVRE XIV.

122. I, 4. ἐπὶ κακῷ μνημονευόμενος

123. V, 6. Πολὺ δὲ μᾶλλον ἐπίτασιν λαμβανούσης τῆς ἀπονοίας, τῶν μὲν ξένων....

124. IX, 6. μετ' ὀλίγον δὲ πρὸς τοὺς ἱππεῖς ἠθροίσθησαν ὑπὲρ τοὺς ἑπτακισχιλίους.

125. XII, 4. τριάκοντα μὲν τοὺς ὀνομαζομένους Βοιωτοὺς συνήρπασε...

126. — 5. Ὁ Κλέαρχος εἰς Σηλυβρίαν μετήγαγε...

127. XVI, 4. Τινὲς δέ φασιν ὑπὸ Καρχηδονίων ἐκτίσθαι τὴν Ἄλαισαν....

128. XVII, 1. τὴν ὑπατικὴν ἀρχὴν παρέλαβον χιλίαρχοι ἕξ.

129. XXIX, 1. Ἐκεῖ δὲ τέτταρας ἡμέρας διανύσαντες...

130. — 2. Ἐντεῦθεν δὲ διὰ τὰ Σκουτίνων πορευόμενοι διῆλθον

131. XLIV, 1. Χιλίαρχοι ἓξ κατεστάθησαν.

132. XLIX, 3. Ἐκ τοῦ κατὰ λόγον ἅμα τῇ τοῦ.. κ. τ. λ.

133. LI, 1. Προσήγαγε δὲ καὶ τοὺς ὑποτρόχους πύργους τοῖς τείχεσιν...

LIVRE XIV.

---

122. ἐπὶ κακῷ μαντευόμενος

123. Πολὺ δὲ μᾶλλον ἐν ἅπασιν λαμβανούσης τῆς ἀπονοίας τὴν αὔξησιν, τῶν μὲν ξένων.

124. μετ' ὀλίγον δὲ πρὸς τοὺς ἱππεῖς εἰς Αἴτνην ἠθροίσθησαν ὑπὲρ τοὺς ... κ. τ. λ.

125 τριάκοντα μὲν τοὺς ὀνομαζομένους Βυζαντίους συνήρπασε

126. Ὁ Κλέαρχος εἰς Σηλυμβρίαν μετήγαγε
(*Item passim.*)

127. τινὲς δέ φασιν ὑπὸ Καρχηδονίων ἔκτισαν Ἄλισαν

128. Τὴν ὑπατικὴν ἀρχὴν παρέλαβον χιλίαρχοι πέντε. (Le nom de Paul Sextus manque dans le manuscrit.)

129. Ἐκεῖ δὲ τέτταρας ἡμέρας διαμείναντες

130. Ἐντεῦθεν δὲ διὰ τὰ Σκυτίνων πορευόμενοι διῆλθον.

131. Χιλίαρχοι πέντε κατεστάθησαν.

132. Ἐκ τοῦ κατ' ὀλίγον ἅμα τῇ τοῦ....

133. Προσήγαγε δὲ καὶ τοὺς ὑπὸ τῶν τροχῶν πύργους τοῖς τείχεσιν.

134. LXXVIII. Μετὰ δὲ ταῦτα εἰς τὴν τῶν Σικελῶν χώραν
πλεονάκις . . . . . εἷλε . . . . . ἐποιήσατο·
παρέλαβε... ἐποιήσατο. Καὶ τὰ μὲν... κ.τ.λ.

135. LXXX, 6. Τοῦτον γὰρ αἴτιον τοῦ πολέμου γεγονέναι ** ὑπὸ
τῆς μητρὸς Παρυσάτιδος ἦν ἠξιωμένος . . . .

136. LXXXIV, 2. Καὶ τοὺς νεκροὺς τοῖς πολεμίοις ἔδωκαν.

137. XCI, 2. Καί τινες τῶν συμμάχων ἐπιπεσόντες τοὺς πλείστους ἀνεῖλον.

138. XCII, 4. . . . Ἀργαῖον βασιλεῦσαι τῶν Μακεδόνων, τότε δὲ τὸν Ἀμύνταν . . .

139. XCIII, 1. Ἐτελεύτησεν, ἄρξας ἔτη δεκατέτταρα.

FIN DES VARIANTES DU LIVRE XIV.

134. Μετὰ δὲ ταῦτα εἰς τὴν... κ. τ. λ. tous les verbes au pluriel dans le manuscrit.. ἐστράτευσαν...... εἷλον;... ἐποιήσαντο.... παρέλαβον..... ἐποιήσαντο. Καὶ τὰ μὲν...

135. Τοῦτον γὰρ αἴτιον τοῦ πολέμου γεγονέναι ὑπελάμβανε καὶ ὑπὸ τῆς μητρὸς δὲ Παρυσάτιδος ἦν ἠξιωμένος.....

136. Καὶ τοὺς νεκροὺς τοῖς πολεμίοις ὑποσπόνδους ἔδωκαν.

137. Καί τινες τῶν ἐν Κορίνθῳ συμμάχων ἐπιπεσόντες τοὺς πλείστους ἀνεῖλον

138. Ἀργέον βασιλεύσαντα τῶν Μακεδόνων καὶ τότε τὸν Ἀμύνταν.....

139. Ἐτελεύτησεν, ἄρξας ἔτη τετταράκοντα τέτταρα.

FIN DES VARIANTES DU LIVRE XIV.

LIVRE XV.

140. III, 6. Ὕστερον δὲ τοῦ Γλῶ μετὰ τοῦ βάρους ἐπενεχθέντος καὶ γενναίως....

141. XIII, 4. Ἑκτικῶς ἦν τὴν πόλιν τὴν ὀνομαζομένην Λίσσον

142. XX, 1. Κόϊντον Σουλπίκιον, Γάϊον Φάβιον, Σερουίλιον Κορνήλιον

143. XXIX, 2. Οὐκ ἐχόντων δὲ στρατηγὸν ἀξιόχρεως, μετεπέμψατο.... ἄνδρα καὶ συνέσει στρατηγικῇ...

144. LI, 1. ἔτι δὲ Λεύκιον Ἀλβίνιον καὶ Πόπλιον Τρεβώνιον....

145. LXXII, 4. συρρίψαντες εἰς αὐτὴν κώμας τετταράκοντα...

146. LXXX, 5. τὸν δὲ αὑτοῦ βίον ἀπέλιπε

147. LXXXIV, 2. τὴν ἄλλην δύναμιν ἐξέταξεν.

FIN DES VARIANTES DU LIVRE XV.

LIVRE XV.

140. Ὕστερον δὲ Γαιὼ μετὰ τῶν βαρβαρῶν ἐπενεχθέντος.

141. Ἐκτικὼς ἦν τὴν πόλιν τὴν ὀνομαζομένην Λίβον.

142. Κόϊντον Σερουΐλιον,... Πόπλιον Κορνήλιον.

143. Οὐκ ἔχων δὲ στρατηγόν.. . . . . κ. τ. λ... ἄνδρα καὶ φρονήσει, καὶ συνέσει στρατηγικῇ..., κ. τ. λ.

144. Λεύκιον Λαβίνιον καὶ Πόπλιον Τριβώνιον.

145. Συρρίψαντες εἰς αὐτὴν κώμας εἴκοσι.

146. Τὸν δὲ αὐτοῦ βίον ἀπέβαλε.

147. Τὴν ἄλλην δύναμιν ἐξέβαλεν.

FIN DES VARIANTES DU LIVRE XV.

LIVRE XVI.

—

148.   III, 4. Πρὸς δὲ Παίονας διαπρεσβευσάμενος...... κατὰ τὸ παρὸν εἰρήνην ἄγειν πρὸς αὐτὸν διαπρεσβευσάμενος.

149.   IV, 1. Κατέστησαν ὑπάτους Κόϊντον Σερουΐλιον...

150.   IX, 1. Κατέστησαν ὑπάτους Μάρκον Φάβιον καὶ Γάϊον Ποιτήλιον.

151.   XI, 3. Καὶ προσέταξε πλεῖν εἰς τὰς Συρακούσας,

152.   XIV, 4. Καλλισθένης δὲ τὴν τῶν Ἑλληνικῶν πραγμάτων ἱστορίαν γέγραφεν ἐν βίβλοις δέκα.

153.   XXI, 2. Ῥᾳδίως πρὸς αὐτοὺς διελύσατο.

154.   XXIX, 3. Προθυμότατα δὲ συνέπραττον οἱ Λακεδαιμόνιοι διὰ τοιαύτας αἰτίας. Ἐν τῷ Λευκτρικῷ πολέμῳ Θηβαῖοι καταπολεμήσαντες τοὺς Λακεδαιμονίους.

155.   XXXVII, 5. Ἐζώγρησαν δ' εἰς πεντακοσίους.

156.   XL, 6. Τὸ μὲν οὖν στρατηγοὺς ἐκπέμπειν ἀπεδοκίμασε...

157.   XLII, 9. Καὶ Κιλικίας συνέρρεον ἐθελοντὶ στρατιῶται πρὸς τὴν ἐλπίδα τοῦ κέρδους.

LIVRE XVI.

148. Πρὸς δὲ Παίονας διαπρεσβευσάμενος... ... κατὰ τὸ παρὸν εἰρήνην ἄγειν πρὸς αὐτοὺς διαπρεσβευσάμενος...

149. Κατέστησαν ὑπάτους Κόϊντον Γενούκιον

150. Κατέστησαν ὑπάτους Μάρκον Φάβιον καὶ Γάϊον Πόπλιον

151. Καὶ προσέταξε πᾶσιν ἐς τὰς Συρακούσας πλεῖν.

152. Καλλισθένης δὲ τὴν τῶν Ἑλληνικῶν πραγματείαν γέγραφεν ἐν βίβλοις δέκα.

153. Ῥᾳδίως πρὸς αὐτοὺς διελέλυτο.

154. Προθυμότατα δὲ συνέπραττον οἱ Λακεδαιμόνιοι, καί τινες ἕτεροι διὰ τοσαύτας αἰτίας. Ἐν τῷ Λευκτρικῷ πολέμῳ Θηβαῖοι καταπολεμήσαντες τοὺς πολεμίους...

155. Ἐζώγρησαν δ' οὐκ ἐλάττους τῶν τετρακοσίων.

156. Τοὺς μὲν οὖν στρατηγοὺς ἐκπέμπειν ἀπεδοκίμασε..

157. Καὶ Κιλικίας συνέρρεον ἐθέλοντες στρατιῶται πρὸς τὴν ἐλπίδα τοῦ κέρδους.

158. XLIII, 3. Ἀπολύσειν ἔφη τὸν Τέννην.

159. XLVIII, 5. Ἀντιταχθέντων δὲ τῶν καταπεπλευκότων.

160. LIV, 1. ... τοῖς ἀεὶ πολεμουμένοις ὑπ' αὐτοῦ ἐβοήθουν....

161. LXVI, 2. Στρατιωτῶν δὲ τέτταρας τριήρεις πληρώσας...... ἐπεραιοῦτο δέκα ναυσὶ......

162. LXXII, 1. Κατέστησαν ὑπάτους Μάρκον Οὐαλέριον καὶ Γναῖον Ποιτήλιον.

163. LXXXIV, 4. Οἱ δὲ περὶ τὸν Περδίκκαν καταλαβόντες.....

FIN DES VARIANTES DU LIVRE XVI.

158. Ἀπολύσειν ἔφη τὸν Μέντορα
     (*Idem infra, passim.*)
159. Ἀντιταχθέντων δὲ τῶν καταπλευσάντων

160. Ὑπὸ τοῦ βασιλέως ἐβοήθουν.

161. Στρατιωτῶν δὲ πέντε τριήρεις πληρώσας .... ἐπεραιοῦτο δέκα καὶ μίᾳ ναυσί.

162. Κατέστησαν ὑπάτους Μάρκον Οὐαλέριον καὶ Μάρκον Γναῖον Πόπλιον.

163. Διόπερ οἱ περὶ τὸν Περδίκκαν καταλαβόντες....

FIN DES VARIANTES DU LIVRE XVI.

SOPHOCLE.

Numéro 424 du nouveau catalogue. Un volume assez mince, *in-8°, sur coton.*

L'écriture est récente, de la fin du quinzième ou du commencement du seizième siècle.

Le manuscrit ne renferme que deux tragédies : *Ajax*, et *Électre* (*Oreste*, écrit M. Guérin, probablement par erreur).

Une main plus récente l'a couvert d'intercalations où les mots anciens sont traduits par des mots modernes, ou ceux de la poésie par les expressions de la prose. Ainsi au-dessus de λευσσεῖν on lit βλέπειν.

Aucune variante importante dans ce manuscrit, peut-être copié sur les premiers textes imprimés.

COMMENTAIRE DE PORPHYRE

SUR LES

CATÉGORIES D'ARISTOTE.

Numéro 413 du nouveau catalogue. Un volume in-8°, *sur coton*, 116 feuilles numérotés (232 pages). Écrit sur deux colonnes, dans un beau caractère; le grec dans la colonne de gauche, et la traduction dans celle de droite.

Ce manuscrit est en mauvais état, et à demi rongé aux vers ; il comprend :

1° Ἀριστοτέλους βίος καὶ συγγράμματα αὐτοῦ.

2° Πορφυρίου εἰσαγωγή. (Commentaire de Porphyre sur les Catégories d'Aristote.)

3° Ἀριστοτέλους περὶ ἑρμηνείας.

4° Ἀριστοτέλους περὶ τοπικῶν πρῶτον.

Ce dernier traité, d'une autre main, offre une écriture plus fine et plus récente.

ANTHOLOGIE.

Numéro 6 du nouveau catalogue.
Voici le titre exact de l'ouvrage tel que nous l'avons lu au dos du volume :

Ἀνθολογία γνωμῶν καὶ ἀποφθεγμάτων.

Un gros volume, petit in-quarto, de ͵σνα´ ou 251 feuilles (502 pages), — sans compter deux traités reliés ensemble avec l'Anthologie.

Le premier a pour titre :

Τοῦ ὁσίου πατρὸς ἡμῶν Ἐφραὶμ τοῦ Σύρου λόγος εἰς τὸν πάγκαλον Ἰωσήφ.

Complet en 64 pages.

Le second :

Βίος τῆς ἁγίας Μαρίας τῆς Αἰγυπτίας.

17 feuilles (34 pages); mais la fin manque.

Nous ne nous sommes pas occupés autrement de ces deux opuscules, que le hasard seul réunit dans le même volume avec l'Anthologie.

Le tout est solidement relié en bois, avec dos en toile.

L'Anthologie s'ouvre sans titre général, par le titre du premier chapitre : Περὶ τῶν φίλων. Cette œuvre patiente d'un moine studieux se divise en quarante-et-un chapitres, dont on trouvera plus loin les titres.

L'auteur cite, tantôt directement, tantôt sous cette forme : *Un tel* disait que..... En tête de chaque citation est indiqué le nom de l'écrivain auquel elle est empruntée, mais sans autre indication.

L'ouvrage, d'une belle écriture, est fort ancien, mais postérieur au neuvième siècle; car il offre une citation du patriarche Photius. L'écriture change avant le chapitre XI; l'ancienne écriture reparaît douze pages plus loin. Les noms d'auteurs, écrits d'ordinaire à l'encre rouge, sont dans cet intervalle écrits à l'encre noire.

L'auteur emprunte ses citations à l'Écriture sainte et aux auteurs profanes. Dans chaque chapitre, il cite d'abord la Bible, Ancien et Nouveau Testament; puis les Pères; enfin, les écrivains païens. Cet ordre est constant.

Indépendamment des livres saints, voici les auteurs cités dans l'Anthologie, avec le nombre des fragments empruntés à chacun :

A

Agathon	2	citations.
Agapétos	1	»
Antiphane	1	»
Aristide	1	»
Aristote	9	»
Aristonyme	1	»
Antagoras	1	»
Antisthène	1	»
Apollonios	3	»
Aristippe	3	»
Anacharsis	2	»
Ariston	1	»
Anaximène	1	»
Amphiloque	1	»

B

Bion	1	»
Bias	1	»

C

Clitarque	8	»
Caton	3	»
Critias	1	»
Cypsélos	2	»
Climax	4	citations.
Cratès	2	»
Cléas	1	»
Cléostrate	1	»
Cléobule	1	»
Carcinos	1	»
Chrysostome	9	»
Charicléo	6	»
Choricios	1	»
Charès	1	»
Chrysippe	1	»

D

Démocrite	13	»
Diogène	12	»
Démosthène	10	»
Démonax	7	»
Diodore de Sicile	3	»
Dion Chrysostome	5	»
Dion Cassius	5	»
Didyme	2	»

E

Ésope	1	»
Euripide	9	»
Eusèbe	2	»

Épictète	9	citations.	Nil (saint)	11	citations
Évagrios	3	»	Naucrate	1	»
Eumène	1	»			
Épicure	3	»			
Épicharme	1	»	**P**		
Eurybiade	1	»			
			Plutarque	34	»
F			Polyœn	4	»
			Platon	8	»
Favorinus	3	»	Pittacos	2	»
			Philistion	6	»
G			Philon	25	»
			Pythagore	7	»
Grégoire de Nysse	3	»	Photius	4	»
			Posidippe	1	»
H			Procope	2	»
			Philémon	3	»
Hésiode	1	»	Phocion	1	»
Hérodote	1	»	Philonide	1	»
Hésychios	1	»	Philaride	1	»
Hippothoon	1	»			
			R		
I					
Isocrate	28	»	Rhéginos	1	»
J			**S**		
Josèphe	4	»	Simonide	5	»
			Sophocle	4	»
L			Socrate	6	»
			Solon	7	»
Lucien	3	»	Sextos	4	»
Lysias	1	»	Sotion	2	»
Libanios	2	»	Stratonis	2	»
Leucippé	5	»			
Lycon	1	»	**T**		
M			Théocrite	2	»
			Théotime	1	»
Maxime	10	»	Théophraste	4	»
Mousonios	3	»	Théopompe	3	»
Moschianos	7	»	Thucydide	2	»
Ménandre	14	»	Thalès	3	»
			Théognis	1	»
N			Théodorétos	1	»
Nicoclès	2	»	Thespis	1	»

X			**Z**	
Xénocrate	1 citations.		Zénon	3 citations.
Xénophon	7 - »		Zaleucos	1 »
Xanthos	1 »			

Isocrate est cité vingt-huit fois; Plutarque trente-quatre; Philon, vingt-cinq.

Nous n'avons pas tenu compte des mots fameux cités sous le nom des rois ou personnages qui sont censés les avoir prononcés; mots de Philippe, d'Alexandre, ou même de personnages fabuleux.

Nous ajoutons à ce tableau la *table des matières* de l'Anthologie.

TITRES DES QUARANTE-ET-UN CHAPITRES

DE L'ANTHOLOGIE.

1. Περὶ τῶν φίλων.
2. (Ἑρμηνεία τοῦ Ἁγίου Βασιλείου καὶ λοιπῶν ποιητῶν τὸ τί ἔστι κυβέρνησις καὶ ἐπὶ τοῦ ἀστάτου καὶ ἀβεβαίου τῶν ἀνθρωπίνων πραγμάτων καταστάσεως.
3. Περὶ ἁμαρτίας.
4. Περὶ ὅρκου καὶ ἐπιορκίας.
5. Περὶ λύπης καὶ ἀθυμίας.
6. Περὶ νουθεσίας καὶ διδαχῆς.
7. Περὶ ἐλπίδος.
8. Περὶ τὰς γαστριμαργίας.
9. Περὶ συνηθείας καὶ ἤθους.
10. Περὶ ἐξαγορεύσεως.
11. Περὶ ὑπερηφανίας καὶ ταπεινοφροσύνης.
12. Περὶ γλωσσαλγίας, λοιδωρίας καὶ ψιθυρισμοῦ.
13. Περὶ κολακίας.
14. Περὶ σιωπῆς καὶ ἡσυχίας.

15. Περὶ ἐπιμελείας ψυχῆς.
16. Περὶ γέλωτος.
17. Περὶ ἀρχῆς καὶ ἐξουσίας.
18. Περὶ βασιλέως χρηστοῦ καὶ ἀχρήστου.
19. Περὶ ψόγου καὶ διαβολῆς.
20. Περὶ εὐτυχίας καὶ δυστυχίας.
21. Περὶ ὀκνίας καὶ γογγυσμοῦ.
22. Περὶ μέθης.
23. Περὶ ἀφροσύνης.
24. Περὶ γυναικῶν ἀγαθῶν καὶ πονηρῶν.
25. Περὶ φθόνου.
26. Περὶ δόξης.
27. Περὶ ἀνδρείας καὶ ἰσχύος.
28. Περὶ ἁγνείας καὶ σωφροσύνης.
29. Περὶ εἰρήνης καὶ πολέμου.
30. Περὶ τοῦ ἔχειν φόβον Θεοῦ.
31. Περὶ ἐνυπνίων.
32. Περὶ κενοδοξίας.
33. Περὶ ἀληθείας καὶ ψεύδους.
34. Περὶ θανάτου.
35. Περὶ κάλλους καὶ βλαχίας.
36. Περὶ γερῶς καὶ νεότητος.
37. Περὶ εὐγενείας καὶ δυσγενείας.
38. Περὶ φιλαυτίας.
39. Περὶ ἰατρῶν.
40. Περὶ ἐχθρῶν.
41. Περὶ πολυπραγμοσύνης.

TABLEAU RÉSUMÉ.

Nombre des chapitres, ou divisions *morales* de l'Anthologie, 41.

Nombre des auteurs cités (en dehors de l'Écriture sainte), 103.

Nombre total des citations (plusieurs qui se font suite n'étant comptées que pour une seule), 419. (Non compris celles de l'Écriture sainte, Ancien et Nouveau Testament.)

Nombre total des pages du manuscrit, 502.

Nous ne pouvons encore dire exactement ce que ce manuscrit renferme d'inédit.

Voici les fragments inédits que nous avons choisis, un peu d'instinct et de souvenir; ils donneront l'idée de ce qu'on peut encore espérer du dépouillement complet de ce manuscrit.

Ce sont :

1° Deux citations de Sophocle; mais l'auteur de l'Anthologie, citant de mémoire sans doute, ne nous a conservé que le sens et non les vers;

2° Quatre fragments de Ménandre; avec trois variantes à des fragments déjà connus, et deux nouveaux attribués à Ménandre;

3° Trois fragments du philosophe Simonide;

4° Un vers d'Hésiode;

5° Des fragments (au nombre de dix) assez considérables, et qui nous sont inconnus, mis par l'auteur de l'Anthologie sous le nom de deux femmes, Leucippé (Λευκίππη) et Chariclée (Χαρικλεία). Nous ne pensons pas qu'on connaisse aucun auteur ancien de ce nom, et ces fragments appartiennent peut-être, à notre insu, à quelques philosophes déjà connus; nous ne les en publierons pas moins.

FRAGMENTS DE SOPHOCLE.

(INÉDITS.)

Le premier n'est qu'un mot prêté à ce poëte. Le second, une comparaison extraite d'une pièce perdue.

1° Τοὺς πλουσίους καὶ ἀπλήστους ὑδροποτῶσιν ἐοίκειν ἔλεγεν· οἱ μὲν γὰρ πεπλησμένοι ὑδάτων διψῶσιν, οἱ δὲ χρημάτων.

2° Τὰ τῶν πλουσίων καὶ ἀσώτων χρήματα ταῖς ἐπὶ τῶν κρημνῶν συκέαις εἴκαζε, ἀφ' ὧν ἄνθρωπον μὲν μὴ λαμβάνειν, κόρακας δὲ καὶ ἰκτίνους· ὥσπερ παρὰ τούτων ἑταίρας καὶ κόλακας.

FRAGMENTS DE MÉNANDRE.

(INÉDITS.)

1° . . . . συγγενές
    Ἀγρυπνία τὸ ζῆν, ὥσπερ ὕπνῳ τὸ θανεῖν.

2° Ὕπνος ἔστι φύσεων ποσῶς σύστασις·
    Εἰκὼν θανάτου αἰσθήσεων ἀργία.

3° Ἰσχὺς νοῦν οὐκ ἔχουσα τάφῳ
    Τοὺς ἐμπίπτοντας παραδίδωσι....

4° Ὁ πολὺς οἶνος ὀλίγα ἀναγκάζει φρονεῖν [1].

Ces quatre fragments sont inédits.
Ceux qui suivent se trouvent dans différents auteurs,

---

[1] Var.

mais dispersés et tronqués. Nous les rétablissons comme il suit, d'après le manuscrit de Patmos :

1° . . . . ἀμήχανον
μακρὰν συνήθειαν ἐν βραχεῖ λύσειν χρόνῳ.
Τὸ γὰρ σύνηθες οὐδαμοῦ παροπτέον.

Ces vers se trouvaient, mais séparés l'un de l'autre :
Le premier, dans Stobée, *Serm.* 43, 31, transformé comme il suit :

. . . . ἔργον ἔστι, Φανία,
μακρὰν συνήθειαν βραχεῖ λῦσαι χρόνῳ.

Le second, *Serm.* 44, 5. — Le texte est le même que celui que nous avons fourni ci-dessus ; mais rien n'indiquait que ces deux fragments dussent être réunis. On savait le dernier extrait de la pièce intitulée Ἀνδρόγυνος.

2° Οὐκ ἔστιν ὀργῆς, ὡς ἔοικε, φάρμακον
ἀλλ' ἢ λόγος σπουδαῖος ἀνθρώπου φίλου.
Εἰ καὶ σφόδρα ἀλγεῖς μηδὲν ἠρεθισμένος
πράξῃς προπετῶς· ὀργῆς γὰρ ἀλογίστου κρατεῖν
ἐν ταῖς ταραχαῖς μάλιστα τὸν φρονοῦντα δεῖ.

Les deux premiers vers se trouvent dans Stobée, *Serm.* xx, 20.

Les trois derniers, *Serm.* xx, 21.

Le manuscrit de Patmos réunit les deux fragments, et offre une légère variante au troisième vers μηθέν pour μηδέν; une autre au quatrième, πράξῃς τι προπετῶς, au lieu de πράξῃς προπετῶς.

Le manuscrit nous offre encore deux *mots* de Ménandre, inédits, croyons-nous :

1° Οὗτος ἀκρόασιν ποιούμενος εἶπεν τριῶν ἐστόχασθαι· τοὺς συνετοὺς ὠφελῆσαι, τοὺς ἀπείρους διδάξαι, τοὺς φθονεροὺς λυπῆσαι.

2° Ὁ αὐτὸς ἰδὼν μειράκιον καλλωπιζόμενον καὶ ὡραϊζόμενον ἔφη· οὐκ αἰσχύνῃ ὅτι, τῆς φύσεως ἄνδρας ποιησάσης, σὲ αὐτὸν ἐθήλυνας ;

FRAGMENTS DE SIMONIDE.

1° Ὅρκον καὶ δοῦναι καὶ λαβεῖν τῶν ἤθων ἔστι μεγίστη κατηγορία· ὥρκισας τὸν φίλον, ἄπιστον εὐθὺς ἔδειξας τὸν παράσχοντα, ὡς τῆς αὐτοῦ γνώμης ἐγγυήσασθαι τὴν πίστιν ἀδυνατούσης. Ἀλλὰ σὺ ἑτέρῳ ὤμοσας, ἔδειξας καὶ σαυτὸν χωρὶς ὅρκου πίστεως ἐνδεῆ, καὶ εἰς τὴν αὐτὴν φαυλότητα καὶ κακίαν τῶν ἔργων ἀμφότεροι περιετράπητε.

2° Τὸν πολλὰ ὀμνύοντα ὡς τὸν ἐπιορκοῦντα φεῦγε· ἐν γὰρ πόλλοις ὅρκοις πλεῖσται ἐπιορκίαι.

3° Ἐμόλυνας τὴν γλῶσσαν τὸν πλησίον λοιδωρησάμενος· εὐλόγησον ἀπὸ καρδίας, ἵνα τοῖς ἔνδον καὶ τὰ χείλη συναποκαθηράμενος, τὴν διαβολὴν ἀπαλείψῃς τῆς εὐφημίας τοῖς ῥήμασιν.

FRAGMENT D'HÉSIODE.

. . . . Θνητὸς πεφυκὼς τὰ ὀπίσω πεφ....
βλέπειν. . . . .

FRAGMENTS DITS DE LEUCIPPÉ.

1° Τοῦτο γὰρ ἴδιον τῶν ὀφθαλμῶν ἐν τοῖς μεγάλοις κακοῖς τὸ μὴ ἐκχέειν δάκρυον ἐν δὲ ταῖς μετρίαις συμφοραῖς ἀφθόνως τὰ δάκρυα καταρρεῖν.

2° Αἰδὼς καὶ λύπη καὶ ὀργὴ, τρία τῆς ψυχῆς κύματα. Ἡ μὲν γὰρ αἰδὼς διὰ τῶν ὀμμάτων εἰσρέουσα τὴν τῶν ὀφθαλμῶν ἐλευθερίαν καθαιρεῖ. Ἡ λύπη περὶ τὰ στέρνα διανεμωμένη κατατήκει τῆς ψυχῆς τὸ ζωπυροῦν. Ἡ δὲ ὀργὴ περιυλακτοῦσα τὴν καρδίαν, ἐπικλύζει τῷ λογισμῷ τὸν τῆς μανίας ἀφρόν.

3° Τὰ γὰρ ἠδέα, κἂν μήπω παρῇ, τέρπει ταῖς ἐλπίσιν · τὸ γὰρ ἀπελπισθὲν ἅπαξ ἐξήρηται τῆς ψυχῆς, καὶ τὸ μηδαμόθεν ἔτι προσδοκώμενον ἀπαλλαγὴν παρασκευάζει τοῖς κάμνουσι. Ὁ μὲν γὰρ τοῦ κινδύνου φόβος ἐθορυβεῖ τὰς τῆς ψυχῆς ἐλπίδας, ἥδε ἐλπὶς τοῦ τυχεῖν ἐκάλυπτεν τὸν φόβον. Οὕτω καὶ ἐλπίζων μεκαι (? sic) ἐφοβεῖτο καὶ ἔχαιρε τὸ λυπούμενον.

4° Τὸ μὲν ἐγρηγορέναι διὰ παντὸς ἀθανάτου φύσεως ἴδιον · ὕπνος δὲ μέτριος τὸ καθ᾽ ἡμᾶς ἐστι, καὶ ἀνθρώπινον · τὸ δὲ πέραν καθεύδειν τοῦ πρέποντος τοῖς τεθνηκόσι μᾶλλον ἤπερ τοῖς ζῶσιν ἁρμόδιον · τὰς πλείστας μοίρας τῆς σῆς ζωῆς ἀφῄρησαι, ἀεὶ γὰρ καθεύδεις. Καὶ τῆς ἐνθάδε μεταβέβηκας λήξεως, οἷά τις Ὀδυσσεὺς τῆς καθ᾽ ἡμᾶς οἰκουμένης ἔξω πλανώμενος, ὠκεανῷ τινι τῷ ὕπνῳ νηχόμενος, καὶ μήτε ἀνίσχοντα μήτε δυόμενον προσβλέπων τὸν ἥλιον.

5° Φιλεῖ γὰρ τὸ δαιμόνιον πολλάκις ἀνθρώποις τὸ μέλλον νύκτωρ λαλεῖν, οὐχ ἵνα φυλάξωνται μὴ παθεῖν, οὐ γὰρ εἱμαρμένης δύνανται κρατεῖν, ἀλλ᾽ ἵνα κουφότερον πάσχοντες φέρουσιν. Τὸ μὲν γὰρ ἐξαίφνης ἀθρόον καὶ ἀπροσδόκητον ἐκπλήσσει ψυχὴν ἄφνω προσπεσόν, καὶ κατεβάπτισεν · τὸ δὲ πρὸ τοῦ παθεῖν προσδοκώμενον προκατανάλωσεν κατὰ μικρόν · μελετῶμεν τοῦ πάθους τὴν ἀκμήν.

FRAGMENTS DITS DE CHARICLÉIA.

1° Πολλάκις γὰρ τὸ χαρᾶς ὑπέρβαλλον εἰς ἀλγεινὸν περιΐστησιν· καὶ τῆς ἡδονῆς τὸ ἄμετρον ἐπίσπαστον λύπην ἐγέννησεν.

2° Πάθος γὰρ ἅπαν· τὸ μὲν ὀξέως γινωσκόμενον εὐβοήθητον· τὸ δὲ χρόνῳ παραπεμπόμενον ἐγγὺς ἀνίατον.

3° . . . Εἰ γὰρ εἰς τὸ μήπω λεχθὲν ἔπειξις τοῦ λόγου τὸ ὁλόκληρον τῶν ἤδη λεχθέντων παραιρεῖται.....

4° Καλὸν γάρ ποτε καὶ τὸ ψεῦδος· ὅταν ὀφελεῖ τοὺς λέγοντας μηδὲν καταβλάπτει τοὺς ἀκούοντας.

5° Εὐγενείας γὰρ ἔμφασις καὶ κάλλους ὄψις καὶ ληστρικὸν ἦθος οἶδεν ὑποτάττειν καὶ κρατεῖν καὶ τὸν ἀχμηρώτερον ? (sic) δύναται.

———

Il nous reste à témoigner notre reconnaissance à M. Sakellion et aux moines du monastère de Patmos, qui, pour toutes ces recherches, ont mis leur bibliothèque à notre disposition avec une complaisance et une libéralité parfaites. Nous regrettons seulement que les moines paraissent décidés à ne plus aliéner aucun de leurs manuscrits.

TABLE

DE LA

NOTE SUR LES MANUSCRITS D'AUTEURS PROFANES QUI SE TROUVENT DANS LA BIBLIOTHÈQUE DU MONASTÈRE DE SAINT-JEAN, A PATMOS.

I.	Note générale sur les manuscrits de la bibliothèque de Patmos.	1
—	Manuscrits *profanes* de cette bibliothèque.	2
II.	Note sur un manuscrit de Diodore de Sicile.	5
	Description de ce manuscrit.	—
	Tableau des principales variantes et additions qu'offre ce manuscrit.	7
	Dans le livre XI.	8
	Dans le livre XII.	18
	Dans le livre XIII.	24
	Dans le livre XIV.	28
	Dans le livre XV.	32
	Dans le livre XVI.	34
III.	Note sur un manuscrit de deux tragédies de Sophocle.	38
IV.	Note sur un manuscrit renfermant divers traités d'Aristote, ou sur Aristote.	39
V.	Note sur une *Anthologie* manuscrite.	40
	Description de ce manuscrit.	—
	Liste des auteurs cités.	41
	Table des chapitres.	43
	Fragments inédits extraits de ce manuscrit.	44
	Fragments de Sophocle.	46
	Fragments de Ménandre.	—

Fragments de Simonide. 48
Fragment d'Hésiode. . . . . —
Fragments dits de Leucippé. 49
Fragments dits de Charicléia. 50

(*Fac-simile* du manuscrit de Diodore, page 5 *bis*.)

FIN DE LA TABLE.

Paris. — Imprimerie A. Lainé et J. Havard, rue des Saints-Pères, 19.

PARIS
Ad. Lainé & J. Havard
Imprimeurs
rue des S.-Pères,
19.

www.ingramcontent.com/pod-product-compliance
Lightning Source LLC
LaVergne TN
LVHW021719080426
835510LV00010B/1051